때로는 보자람도…

이수종 시집

문운당

작가의 말

자기가 하고 있는 일에 대하여 즐거워하고 삶의 가치를 찾을 수 있다면 이는 스스로 지은 복福이다.

예순 하고도… .

이젠 세상을 조금 알 것 같은 나이다.

이번 "때로는 모자람도…"는 처녀작 "이웃"을 낸 이후 일 년 동안 틈틈이 쓴 예순 여덟 편의 이야기를 한데 모은 것으로 나를 아는 여러분에게 드린다고 생각하니 기쁜 마음을 금할 수가 없지만 한편 송구스럽기도 하다.

차 례

첫•번•째•이•야•기

세상 속에서

두•번•째•이•야•기

우리 사는 이야기

세•번•째•이•야•기

나 그리고 가족

네 • 번 • 째 • 이 • 야 • 기

여유

첫•번•째•이•야•기

사람 사는 이야기

불모산 佛母山

소나무 사이로 빠끔 얼굴을 디밀던 하늘
귀를 간질이던 새소리와 물소리
그리고 바람소리
이젠 만나볼 수 없는
추억 속에 묻힌 그림이다

오순도순 살아가던 잿점 마을도
근처 밤나무 밭도
개발이라는 미명하에
일찌감치 헐어 버렸다

절(寺) 찾아가던 오솔길은
신작로新作路처럼 휑하게 뚫리고
사월 초파일이라도 되면
절집 앞은 몰고 온 차들과 사람들로
북새통을 이룬다

재(嶺)를 넘나들 때
소주잔과 콩자반을 앞에 놓고
잠시 쉬어가던 허름한 산막山幕은
언제부턴가 요상한 이름으로 변했다

어이 할꼬!
무지無知가 지은 이 업業을
누가 어떻게 안고 갈 것인가
부처님도 화가 나면
돌아앉는다고 했는데 ……

포옹 抱擁

이른 봄날의 아지랑이
긴 잠에서 깨어나
고개를 들어 하늘을 본다

바람이 미소를 머금고
멀리서 구름을 타고 달려와
소리 없이 옷자락을 휘 감는다

만남도 잠시
그가 떠나려 하자
멈추었던 춤사위로
언제 만날지 모를
이별의 아쉬움을 달랜다

다도해 多島海

뭍(陸地)은 그를 떼어 놓았다 하고
바다는 그를 가두었다고 하네
누구 말이 맞는지 통……

피오르드(峽灣)

강江인지, 호수湖水인지, 바다(海)인지
아주 까마득한 먼 옛날
빙하氷河가 휩쓸고 간 자리에
바다가 밀고 들어와
강과 한 데 어울려
호수처럼 되었다하네
흐르지 않는 강
길게 이어진 내륙內陸 속의 바다 피오르드

가을 속의 여름

입추立秋가 지난지도 몇 날
여름은 떠날 생각을 않고
뜨겁게 세상을 달군다

무슨 미련이 아직까지 남았을까
등 떠밀어 보내고 싶다

때늦은 태풍이라도 찾아와
세상을 흔들어
맑고 푸른 하늘을 열면
기다렸다는 듯
고추잠자리도 짝지어 날텐데

가을은 언제 오려나

고성 문수암에서

자란만紫卵灣의 유방동자乳房童子들
한 줄로 죽 늘어섰다

얼굴만 내민 채 꿈쩍도 않고
아무리 불러도 대답이 없다

망설임은
속세俗世에 대한 미련未緣 때문인가
출가사문出家沙門에 대한 번뇌煩惱인가

얼른 오지를 않고 뭉그적댄다

무이산武夷山 문수보살文殊菩薩은 아직도 기다리고
있는데 ……

가을

산과 들에 맑은 햇살이 내리고
바람은 구름을 불러 모아
넓디넓은 하늘에 그림을 그린다

저만치 웅크리고 앉았던 앞산이
엉금엉금 무릎걸음으로 다가와
곧 펼쳐질 금빛 파도를 보려
멈추어 섰다

무지무지하게 뜨거웠던
한 여름의 땡볕도
밤잠을 설치게 했던
지긋지긋한 열대야熱帶夜도
하나같이 갈바람에 밀려났다

초가을의 내음을 마시며
들꽃 어울린 해 거름 강둑길을 걷노라면
온갖 상념想念들이
꼬리를 물고 일어난다

가을은 우리들 곁에서
소리 없이 익어가고 있다

허수아비

허수아비의 아비 그 아비의 먼 조상祖上에서 시작
된 들녘의 파수把守꾼

짚단으로 몸을 받고
걸친 옷이라곤 해진 넝마다
내다버린 밀짚모를 주워 쓰고
한껏 멋을 부린다

부리부리한 큰 눈
귀는 말할 것도 없고 눈썹도 없다
듬성듬성 돋아난 수염
코는 비뚤어지고
위로 찢어진 입으로 어허허 웃기만 한다

비울 수 없는 자리
어쩌다 비(雨)라도 내리는 날은
속절없이 흠뻑 젖을 수밖에

아무도 찾지 않는 느지막한 오후
어디선가 찾아온 반가운 손님들
재자거리는 소리에 졸음이 비켜간다

그것도 잠시
겁 없이 어깨에 앉아 노닥거리다가
약속이라도 한 듯 훌쩍 가버린다

어허 이놈들 좀 더 있다 가면 누가 잡아 가기라도
하나
다시 오기만 해봐라 내 그냥 두나
못내 서운한 모양이다

겨우 한 두 철로 끝나는 주어진 운명
다가올 가을걷이를 생각하며
외로움을 털어내려 마냥 웃어댄다

가을을 보내면서

더딘 걸음으로 와서
벌써 떠날 채비(差備)를 한다

움츠린 잎 사이사이로 보이는 저편 하늘
소슬바람에 장단長短 맞춰 춤을 춘다

거세게 몰아치던 비바람에도 끈을 놓지 않았는데
머지않아 불어 닥칠 찬바람에
속살이 드러날 무안함일까
홍조紅潮처럼 붉게 물든다

한해의 짐을 훌훌 털고 길을 나서면
또 한번 더
언제 끝날지 모를
이별의 예행연습豫行演習이 시작된다

장승포 옛 뱃길

뱃길로 일 백리
집채만 한 물 덩이가
성난 바람을 업고
사정없이 뱃전을 때린다

뱃머리를 돌릴 수도 없단다
붕 떴다 떨어졌다 수없이 거듭되고
엔진(機關)마저 까탈을 부린다

겁에 질린 승객들의 핏기가신 얼굴
아기들의 울음소리
이리저리 굴러다니는 물병들
생사生死의 갈림길에 선 절박한 순간이다

가족들의 얼굴이
물보라에 비쳤다가 사라진다

긴 사투死鬪끝에 눈에 잡히는 등대
소리 지르고 싶어도 막상 목이 메어 말문이 막힌다

안개 사라진 하늘
언제 그랬냐는 듯
화창和暢하기만 하다

소쿠리를 닮은 작은 포구浦口
그건 포근한 어머니의 품속 같았다

거가대로 巨加大路

나룻배가 다니던 사라진 뱃길 위
다리가 끝나자 마자
굴속으로 빨려든다

이곳을 지나
갯내를 맡을 틈도 없이
물속을 달리다 자맥질을 하고
하늘을 날다가도 숨박질을 한다

단숨에 닿은 곳
찻길 사 십리
거가대로의 끝점 시작점이다

항로 航路

길이라고 하는데 길이 없다
엄청 다녔을텐데도 흔적조차 없다

사방 천지를 둘러봐도 길이라곤 없다
보이지 않는데도 길이란다

코끼리보다 더 육중한 것이
솜털 바다 위를 날렵하게 달린다

기분이 좋을 땐 귀만 쫑긋 거리다가
화라도 나면 온몸을 흔들어 댄다

길도 없는데 잘도 간다

가덕도 加德島

연대봉燃臺烽 아래
물위에 뜬 둘레 구 십리
언제부턴가 하나 둘 마을이 생겼다
대항, 천성, 성북, 눌차, 동선
마실 다니기엔 좀 먼 이웃들이다

한 때는 그랬다더라
뭍에서 시집 온 어린 새댁(新婦)
친정親庭 부모님이 야속스러워
시댁媤宅 식구 몰래 몇 날을 훌쩍였고
도회都會로 시집가는 처녀는
신바람이 나서
밤잠을 설쳤단다

넓기도 하던 바다
야금야금 허물어 땅을 만들고
남은 고랑 위에 덮개를 씌워
선線을 그었다
이젠 이곳을 섬이라고 하기엔……

끊어진 수평선

유리창에 비친 강江과 산
언제부턴가 드문드문 지워지고
그 자리에 낯선 그림이 자리를 잡는다
물길은 끊어졌다 이어지고
둑도 군데군데 허물어졌다

피막골

이날따라 왠지
무겁기만 한 발걸음
달구지도 떼고
멍에까지 벗었는데도

뚜벅뚜벅 걷다
갑자기 뻗대기를 한다
앞을 가로막는 양철지붕의 막사幕舍

우~ 우~ 울부짖다 체념한 듯
녀석의 눈에 눈물이 고이고
머슴은 애써 눈길을 피한 채
먼 하늘을 본다

운문사 사리암 邪離庵

가파른 비탈길을 지나
무지개다리를 건너
걸음마를 갓 시작한 아기 걸음으로
눈 쌓인 돌계단을 오른다

한발 한발 디딜 때마다
모시치마 바람에 스치듯
사각거리는 소리
꺾어진 길목이 잠시 발목을 잡는다

벗어버린 가지마다
눈꽃 옷을 입었다

누구를 기다린 듯
길 위를 서성이던 산새
푸드덕
정적을 깨고 훌쩍 날아가 버린다

천년을 지켜온 고즈넉한 암자庵子
골짝을 타고 흐르는 새벽 예불소리
나반존자, 나반존자, 나반존자, ……

자갈치

관해觀海[1]는 기억에서 멀어져도
너는 용케 버티었구나
너의 출생은 자갈 마당

왼쪽엔 봉래산蓬萊山[2] 오른쪽엔 천마산天馬山[3]이
사이좋게 앉고
등 뒤론 송현산松現山[4]이 병풍屛風을 쳤다

봄이 오면 도다리로
가을이면 전어錢魚로 사람들을 불렀다

전란戰亂의 와중에도 평온했던 이곳
큰 배(船) 지날 때 영도다리 끄덕 들어 전차電車길을
동강내고
점占바치 관상쟁이들 다리 밑에 진을 쳤다
한 때는 이곳에서 도라지를 타고 밤새껏 달려
제주도로 갔다

뚜우뚜우 출항을 알리는 뱃고동 소리
끼루룩거리는 갈매기의 울음소리는
예나 지금이나 언제 들어도 정겹기만 하다

1) 부산광역시 남포동 일원
2) 영도전체(할배봉 아비봉 손자봉)
3) 암남동 송도 뒷산
4) 용두산의 옛 이름

얼굴

웃고 있는 나의 얼굴을 나는 볼 수가 없다
내가 즐거워하며 웃을 때 그도 웃고
그의 얼굴에서 웃는 나를 본다

화난 나의 얼굴을 나는 볼 수가 없다
내가 오만상을 찌푸리며 화를 낼 때 그도 화난
얼굴이 되고
그의 얼굴에서 화난 나를 본다

부산 선암사* 仙巖寺

백양산白陽山 중턱에 자리를 틀고
천년을 넘게 이곳을 지켰다

남풍이 산등성이에 머물면
울긋불긋 철쭉이 수繡를 놓고
불사佛寺는 봄내음으로 가득 찬다

당리堂里를 지켜주던 당산나무(堂山木)
개울은 감로수甘露水를 담았다

호젓하던 숲길은 뭉개지고
솔잎 스치는 바람소리 사라진지 오래다

절 밑까지 치고 올라온 여염閭閻집들
사람들로 붐비는 저자거리(市街)가 되고
산사山寺는 선암도량(仙巖道場)이라는 이름이 무색할
정도로 변했다

몸살 앓는 곳이 어디 이뿐이랴

* 부산광역시 부암동 소재 천년고찰

아듀! 센디에고

녹색으로 뒤덮인 언덕
그 너머 수평선 위
이글거리는 태양이 줄넘기를 한다

물개(海狗)는 무리 지어 꺼억꺼억 울어대고
바다갈매기(海鷗)는 마냥 졸고 있다

바위를 치고 솟구친 파도 물보라를 안고 사라진다

해가 꼴딱 자취를 감춘다
일몰日沒의 장관壯觀에 이은 잿빛 하늘
하나 둘 가로등은 켜지고

철썩대는 파도소리를 뒤로한 채
주섬주섬 배낭에 이야기를 담고
행객은 갈 길을 서두른다

낮과 밤이 뒤섞인 바다와 하늘
어둠이 걷어 들인다

브라이스 캐니언

긴 세월
비바람에 깎이고 다듬어져
우뚝우뚝 서있는 게
마치 돌 고드름(鐘乳石)을 세워 놓은 것 같다

로스앤젤레스

미국美國땅 나성羅城
원래는 멕시칸이 살던 곳
형형색색形形色色의 얼굴들이 모였다

버려진 땅에
길을 내고 물도 가두고 나무를 심고
별들을 불러 모아
이름처럼 천사天使의 언덕이 되었다네

찌푸린 하늘
거리는 차들로 넘쳐나고
넘지 못하는 숫자 일백 사십
땅이 흔들리고 바다가 넘칠지도 모를
불의 고리 속에서 살아간다
여기가 천사의 언덕이라네

고난 苦難

고통스러웠던 순간순간들
망각忘却의 산하山河에 묻고
예까지 왔다

오는 길이 순탄치만은 않더라
부딪치고 부서지고
그게 어디 한 두 번이었을까

지켜주지 못한 무력함에 내가 미웠다
정말 미안하다야
하늘은 너를 버리지 않았구나

여긴 네가 안주安住할 평온平穩한 세상
이젠 마음의 짐을 내려놓으려 무나

다대포 多大浦

하늘은 비단을 깐 듯 치장을 했다
새들은 둥지를 찾다 말고
풍광風光에 취해 날개짓을 멈춘다
바다도 덩달아 숨을 고르고
구름은 아쉬워 서성거린다
해는 테두리를 불리더니
산 너머로 풍덩 빠져 버린다

둑을 쌓아 강물을 끊고
저편 바다는 토사土砂로 메워져 숨을 멈춘지 오래다
거기 살던 어족魚族들은 다 어디로 갔을까
새떼 날던 하늘에는 쇠떼들이 날고
백사장 한데를 물 뿜는 놀이터로 만들었다
황사黃砂라도 내리는 날엔 세상은 온통 우중충한
색으로 도배를 한다

…… 떠밀려 점점 사라지고
앞으로 어떻게 변할지 아무도 모른다

두•번•째•이•야•기

우리 사는 이야기

김 메기

내려 쬐는 뙤약볕을 등에 지고
훌쩍 자란 벼 사이사이를 훑다
간간히 허리를 펴고 먼 산을 본다

뒷간 볼일 보듯 논두렁에 쪼그리고 앉아
새참으로 가져온 막걸리로
컬컬하던 목도 축이고 허기虛飢도 푼다

해는 중천에 오고
그래 점심도 먹었겠다
정자亭子나무 그늘에 등을 붙인다
스르르 처지는 눈까풀 어찌할 수 없나보다
시끄럽게 울어대던 매미소리도 잠잠
퍼붓는 잠을 어느 장사壯士가 이겨낼까

반쯤 말려 올라간 저고리 속 배때기는
오줌장군만큼 불렀다 꺼지고
푸푸거리며 코 고는 소리는
조용하기만 하던 한낮의 정적을 깬다

저놈 보소 저러다가 해 넘기겠다

물장구 치고 깔깔거리는
하동河童들의 웃음소리가
바람을 타고 실개천을 넘는다

광안리 불꽃축제

천지를 뒤 흔드는 소리
꼬빡연鳶같은 불 주머니가 솟구치고
꽃가루가 하늘을 덮는다
오색 불꽃들의 잔치마당이다

포성砲聲이 멎은 전장戰場처럼 감도는 침묵
바다가 시든 꽃잎들을 주워 담고
바람이 뿌연 포연砲煙을 쓸어내자
별들이 얼굴을 내민다

섬광閃光과 굉음轟音으로 요란스러웠던 무대舞臺
아예 흔적도 없이 사라지고
썰물처럼 빠져나간 구경꾼들의 빈자리가
을씨년스럽기만 하다

은륜 銀輪

강바람이 쌩쌩 부는 한적한 강변길
무리를 지은 여인들 서넛
머플러를 날리며 힘차게 페달을 밟는다
지는 해를 머리에 이고 신나게 달린다
앞 뒤 바퀴 서로 질세라 달음질을 한다

대장장이

풀무질을 할 때마다
뿜어 나오는 뜨거운 열기熱氣
헉헉 숨이 막힌다

성냥 간 사람들의 다부진 근육질
사방에 널려 있는 잡동사니들
바쁜 일손에 망치도 신이 난다

집게에 잡힌 쇠붙이가
몇 번 화덕 속으로 들락날락
낫도 호미도 쇠스랑도 안 되는 게 없다

쇠를 떡 주무르듯 한다

오지그릇

흙에서 태어났어도
흙으로 돌아가지 못하는 태생적胎生的 운명運命

물레로 모양을 빚고
그늘에서 물기를 털어낸 후
오짓물에 곱게 담가 옷을 입힌다

가마 속 불길은 춤을 추고
도공陶工은 잠도 거른 채
세상 밖으로 나올 그들을 기다린다

잔해殘骸를 남긴 탁탁거리던 장작불
멎어버릴 것 같은 숨소리
시간은 멈추어 버리고……
기대와 두려움이 교차하는 순간이다

한 탯줄에서 태어난 그들
우아優雅한 빛깔도 매끈한 피부도 아니다

인고忍苦의 시간이 낳은 투박함
그건 그들만이 갖는 아름다움이어라

고수 鼓手

둥둥 딸그락 딱딱
쇠가죽통 속에 갇힌
애절한 울음을 쏟아낸다

연자방아 도는 건가
넘어질 듯 넘어질 듯
여태 보지 못한 현란眩亂한 몸짓이다

신명이 난 구경꾼들
덩더꿍 덩더꿍 어깨춤을 추고

북과 함께 살아온 지 수십 년
어쩔 수 없는 세월의 무게에 눌려
북채를 잡은 손은 흔들리고

예전 같지 않는 몸놀림에
감출 수 없는 초조함이 고깔 속에 묻어난다

못 다한 얘기를 다 하려는 듯
힘껏 두드린다
둥둥 딸그락 딱딱

옷이라기엔

더 짧게, 더 얇게, 더 좁게
한때 유행했던 스포츠 홍보弘報 문구 같다

겉옷이라고 입은 게 영락없는 속옷이다
허연 허벅지에 배꼽을 들어 내놓고도
부끄러운 줄을 모른다

누가 부추기었나
누가 퍼뜨렸나

아무리 유행이라지만 제발 좀……

미련한 놈

똥파리 한 마리가 허락 없이 들어와
단독 비행을 한다

웽웽거리는 소리 어찌나 큰지
여간 성가신 게 아니다

무지拇指와 중지中指로 힘을 모아
튕겨보기를 서너 차례
번번이 실패다

놈이 비웃기라도 작정한 듯
공중 유영遊泳을 즐긴다

녀석 유탄流彈에라도 맞았나
곤두박질치더니
뱅글뱅글 팽이처럼 돌다 잠잠하다

어찌 그럴까
그렇게도 말렸거늘
하루살이보다 못한 놈

충치

하아~ 할 때마다 풍기는 고약한 냄새
정작 그는 모른다

가시에 찔려도 엄살을 부리면서
돌기둥에 바람 드는 줄 그렇게도 몰랐을까

작은 구멍이라도 나서
딱따구리 집처럼 되면
땜질에다 모자를 씌운다

그건 그래도 나은 편이다
기둥뿌리가 썩어 봐라
그땐 강제 철거撤去다

명의 名醫

낯 설은 의용醫用기구와 그라인더[1)]
양미간兩眉間에 붙은 돋보기가 우스꽝스럽다

씨이잉 지석砥石[2)] 돌아가는 소리
리프트[3)]에 앉은 몸은 어느새 경직硬直되고

잠시 틈이 나면 의사 선생 흥얼거린다
유행가流行歌도 가곡歌曲도 동요童謠도

듣다보면 긴장감은 사라지고
배腹 위에 올려진 깍지 낀 손 매듭 풀린 댕기처럼
느슨해진다

꼭 빼놓지 않고 하는 인정스런 말
아프게 해드려서 죄송합니다

사람들은 그의 의술을 신뢰信賴하고
그의 성의誠意에 감사해하며

그에게 호감好感을 갖는다

명의라고 부르는 덴 다 이유가 있었네

1) 연마기
2) 숫돌
3) 권양기

웃고 산다는 것

세상이 뒤집혀도
덤덤하게 웃을 녀석

엊그제 뒤 따라오던 차에 부딪쳐
언덕 아래로 굴렀단다

가벼운 타박상에 찢어진 곳도 있다기에
그럼 거시기는 어떠냐고
어느 지방 사투리로 물었더니
남의 말 하듯이
털 하나 까딱 업당께로란다

새알 주머니가 안 깨져서
그만하길 천만 다행이다

그래 웃고 살자

콩

집단병영생활集團兵營生活
식판食板을 든 고참병古參兵들
초년병 때의 배고픔을 잊었는지
차림표를 힐긋 본 뒤
투정과 객기를 부린다
다시는 안 먹을 것처럼……

밭의 쇠고기
끼니마다 거르지를 않고
식탁食卓에 오른다
세상이 찢어지게 가난했던 시절
이걸로라도 주린 배를 달랬다

병막 病幕

방구산 자락 양지 바른 곳
이름도 성姓도 숨긴 채
천령天令을 어길 수 없어
세상과 동떨어져
외롭게 살아야만 했던
남정네와 그를 따라온 아낙

이른 아침 까치가 울어대면
뉘라도 올 듯한데
온종일 찾아오는 손님 없었어라

모두가 그들을 멀리했고
아이들은 영문도 모른 채 피해 다녔다
그곳은 세상 속의 절해고도絶海孤島
피리개울을 사이에 둔
지척이었는데도

언제 인가 천형天刑을 유예 받고
짐을 꾸렸다
집은 폐가廢家가 되고
사람들은 떠난 그들을 잊었다
아무도 모른다
그들이 간 곳을
까치는 알고 있었으리라

구제역 口蹄疫

죽 늘어선 수의사獸醫師들 앞
잔뜩 겁에 질린 녀석들
큰 눈망울을 껌벅이며
막대 같은 주사기에 목을 내민다

청천벽력靑天霹靂 같은 소리
살 처분에 집단매몰集團埋沒이란다
아무리 축생畜生이라지만 ……
주인의 눈 가엔 이슬이 맺히고
한숨소리는 빈 외양간(牛舍)을 메운다

얘들아 여긴 잠간 머물다
언젠가는 떠나야 할 곳
부디 잘 가거라

피폭 被爆

우루루 쾅쾅
포탄砲彈 터지는 소리
난리亂離가 났다

포연砲煙과 화염火焰에 휩싸인 고립孤立된 섬, 연평도

가족들을 찾아 이리 뛰고 저리 뛰고
저들의 만행蠻行에 분노憤怒할 겨를조차 없다

어찌 이럴 수가
아비규환阿鼻叫喚이다

포성은 멎었지만
살던 집은 부서져 폐허廢墟가 되고
사람들은 부랴부랴 피난길에 올랐다

텅 빈 앞마당에 웅크리고 앉은 충견忠犬
하염없이 하늘만 본다

집 떠난 주인은 아직도 돌아온단 기별奇別 조차
없다
곧 오마라고 했는데……

눈시울이 뜨거워짐은 측은지심惻隱之心 때문일까

회한 悔恨

눈물을 감춘 소리 없는 흐느낌
관습에 매여 참고 가야만 했다

얼레에 감긴 연줄처럼 길게 이어진 고행
가슴앓이를 하면서 살았다

눈물마저 말라버린 푸석한 눈자위
스스로 가한 모진 고문으로 보낸 나날이었다

고뇌苦惱와 번민煩悶으로 얼룩진 안을
파도에 띄워 보내려
오늘도 겨울 바다를 찾는다

늙은 아이들

오랜만에 고향 친구 너덧 모였다
객지客地생활 어언 반백년
엊그제 같다

파르스름하던 까까머리는
말라버린 실파모양 시득시득하고
몽돌같던 얼굴들은
구겨진 호일처럼 쪼글쪼글 주름이 잡혀
비켜가지 않은 세월의 흔적이 역력하다

그래도 기氣는 펄펄 살아
세상 돌아가는 이야기에
기차 화통火筒 삶아 먹은 소리로 열을 올린다
영락없는 그 때의 그 놈들이다

물장구치던 개울, 소 먹이던 뒷동산, 동구 밖 느티나무, …
어느 하나 잊혀지지 않는 소중한 추억들
지그시 눈을 감고 아련하게 다가오는 고향 속으로 달려간다

스님마저 이러시면

가는 사람 잡지말고
오는 사람 막지마라
그게 절집의 불문율不文律인 줄 알았더이다
빗장 걸어 어찌 하시겠다는 건가요
미련한 중생 긍휼矜恤히 여겨 자비를 베푸소서

누가 이 사람을

시정잡배市井雜輩의 객쩍은 허풍虛風
작부酌婦의 간드러진 코맹맹이 소리
한 데 뒤섞여 좁은 공간을 타고 흐른다

가식假飾의 허울로 포장包裝을 하고
하루하루를 살아가는 질곡된 삶

가슴에 응어리 진 그들만의 사연
세상을 향해 쏟아내고 싶어도 참을 수밖에

차가운 웃음은 사발을 채우고
한 맺힌 눈물이 잔속에 고인다

살아온 길이 다를 뿐 세상사 매한가지
진흙 속에서 피는 연꽃도 있는데……

완월동* 玩月洞

짙은 화장化粧 속에 감추어진 앳된 얼굴들
다소곳이 앉아 손님을 기다린다

이곳을 찾는 데는 노소老少 귀천貴賤이 따로 없더라
날품팔이 홀아비는 그렇다손 치더라도
마나님 눈치 보며 헛 점잔을 빼던 늙정이 가을 해가
길다고 투정을 부린다
빡빡 깎은 산중거사山中居士도 춘심春心이 발동하여
밤꽃의 향기를 맡고

필요악必要惡
도시가 커지면서 생긴 부산물副産物
정화淨化라는 된서리에 자갈밭에 빗물 튀듯 뿔뿔이
흩어졌다
딱히 갈 데도 없는데……

동네 체면 구겼다고 이름까지 지웠단다
완월玩月이라는 그 이름에 무슨 잘못이 있다고

* 부산광역시 초장동 일부와 충무동의 옛 지명

담배의 해독害毒

연돌煙突에서 내뿜는 퀴퀴한 회색 연기
그럴듯한 이름의 이동식移動式 제연공장製煙工場

고약처럼 눌어붙은 타르
시나브로 불어 넣었으니
그것 지우는데 이십 년이 걸린단다

폐해弊害는 알긴 아는지
힐끔거리며 주위를 살핀다

또 불을 지핀다
할 수 없지 하고 싶으면 해야지
억지로 열 받는 것보다는 나을테니까
암, 그렇고 말고

욕조 浴槽

야금야금 잠식蠶食하더니
넓은 바다가 된다

오륙도五六島가 다섯에서 여섯으로 되듯
끄트머리 두 개의 섬이 열 개로 바뀌고
곧 사라져 버렸다

어느새 관목灌木 군락群落도 잠기고
작은 호수에도 물이 넘쳐 찰랑 거린다

마이산馬耳山 같은 두 봉우리만 남았다

수완 手腕

재미 좀 보았다던 충忠자 쓰는 동네
표票를 계산해서 한말씀 했다는데
핫바지로 본 모양이다
정말 가관이다
양반체면에 욕도 못하고
속만 부글부글 끓을 수밖에, 북

신新자 붙은 곳도 그렇다
무슨 논리論理란다
제로섬 게임이 아니라면 어디라도 좋지
시간도 촉박하고
이전투구泥田鬪狗라도 바라는 건가
만지작거리는 꿍꿍이속이 의심스럽다

기企

한자漢字의 기企자
사람이 머문다는 글자
어찌 보면 집 모양이다
방房도 있고 다락도 지붕도 있다

위쪽에 한 획수劃數만 더 그으면
굴뚝까지 갖추는데
사람 인人자 지우면
그곳은 비, 바람을 피할 수 없는 한데(露天)

일을 하려면
우선 사람이 머물러야

이야기(1) 세월이 흐르면서

그 친구 별론데 장가 잘 갔다면서
무슨 소릴 하고 있나
처가하고 어디는 멀면 멀수록 좋다 아니 하던가

누구 아들 서울의 대학 붙었다면서
광고진가 어디다 붙이게

문상問喪하고 오는 길인데
그 친구 부친 호상好喪이더라
에이 이사람 정말 못쓰겠네
남의 부모라고 그렇게 함부로 말하면 되나
그런데 자제들 혼사婚事는
아직 하나 남았어
물건인가 하나 남게

대여섯 모였다 하면
질병疾病에 대한 이야기다
은근슬쩍 회춘回春도 빠지지 않는 단골

암癌에도 해박하다
어디서 주워들었는지

약藥이라면 열을 올린다
무슨 약은 어디에 좋고
알고 보면 모두가 건강식품

다음에 만나면 무슨 말이 나올지 뻔하다

이야기(2) 행복한 초로初老

그 친구 요즘 뭣 하지
전철역電鐵驛에서 종종 보았다던데

경로우대敬老優待 무임승차無賃乘車 아닌가
시정市井 살피러 다닌다고 바쁘다네
주말에는 등산도 하고
두 딸 덕德에 내외內外가 가끔 해외여행海外旅行도
한다더라

팔자 한번 늘어졌구나

베이징의 인력거人力車

수레를 단 세발자전거
칙칙한 의자에 앉자
색 바랜 차양遮陽을 씌운다

그저 묵묵히 페달을 밟는다
힘이 부칠 때마다 엉덩이가 들썩이고
땀이 밴 얼굴을 손등으로 쓰윽 문지른다

달리면서 무얼 생각 했을까
출발부터 암말도 없다
엊저녁 번화가繁華街완 전혀 다른 세상이다

이국異國에서 연민憐憫, 왜일까
이곳만 그런 것도 아닌데

지하철 풍경

정오正午 가까운 한 때
삼삼오오 짝을 지어 줄을 선다
어디를 가는 건지 알만하다
손에 셀 폰cell phone은 필수
문이 열리자마자 들고 나는 사람들
어깨가 스쳐도 무표정이다

경로석은 물론 일반석도 빈자리가 거의 없다
절반 정도는 연로年老한 분들이 차지
멀쩡하게 생긴 동냥아치 전단傳單을 돌린다
잡상인雜商人도 그렇지만 단속하는 사람 없고
여기저기서 때도 없이 울리는 벨소리
몇몇 젊은 애들 보란 듯이 해대는 낯 뜨거운
스킨십 누가 나무랄까
철로에 쇠바퀴가 부딪히는 소리 온몸이
찌릿찌릿하다
손잡이가 기울 때 마다 역驛이 바뀐다

깜깜한 땅속
사람도 전동차電動車도 종점을 향해 달려간다

고추잠자리

철기야 철기야 붙은 자리 붙어라
멀리 가면 죽는다

쇠金펄은 가득 차고
붙을 곳이 없어라

괘기가 청청 나던 가까운 데를 두고
밀봉蜜蜂들이 붕붕대는 산골로 가기도 그렇고

풀베기

부르릉부르릉
시동始動이 걸리는가 했더니
이내 꺼져 버린다
풀베기는 미룰 수밖에
참 한심하다
캔 주둥이가 망가져
가스 새는 줄도 모르고
애꿎은 기계(刈草機) 탓만 해댔으니
엉터리도 상上 엉터리다

열쇠 꾸러미

고리에 주렁주렁 달린 쇳조각들
문을 열 때마다
제짝을 찾아주느라 애를 먹는다
어쩌다 깜빡 두고 나오기라도 하는 날엔
한참동안 집 앞에서 벌을 선다
알고 보면 대낮에도 갇혀 사는 셈
밤에만 빗장을 걸던 옛날이 그립다

밭일

농사 아무나 짓는 게 아닌데
묘종苗種만 심고 나면 지들이 척척 알아서 크는
줄 알았나 보다

채마밭(菜麻田)의 채소도
사람 발걸음 소릴 듣고 자란다는데
틀린 옛말 하나도 없다

고추 키운답시고
호미 하나만 달랑 들고
서둘러 집을 나서는 것 보소
하여간 꼭 티를 낸다

옛 이발관

가위, 빗, 바리캉, 면도칼, 대형거울에 회전의자
그 당시론 제법 갖춘 신식 문화 공간
이발사도 의사처럼 흰 가운을 입었다

울고불고 떼쓰는 놈 윽지르고 겨우 달래 동자승童子僧
처럼 빡빡 깎고 여자애들 머리모양은 솥뚜껑을
올려놓은 단발머리

왜정시대倭政時代에 쓰던 이찌부 니부 고데라는
말들로 대신하고

바리캉과 가위로 머리카락 조발한 뒤 기둥에 매단
혁지革砥에 쓱쓱 문진 면도칼로 대충대충 수염 깎고
비누가 귀할 때라 빨래사분으로 머리를 감았다

얼굴에 칼질이라니 조상님들 들었으면 기절초풍할 일이다

읍내로 출입하는 어르신네 포마도 기름 치고 복판 가르마에 한껏 멋을 부렸다 온돈 주고 반 머리 깎았다고 핀잔도 받았지만

설 팔월 명절 때 밤새는 건 예사
평소에는 동네 사랑방 구실도 했다

세월 따라 바뀐 이름 이발소理髮所 이발관理髮館 이용원理容院

세•번•째•이•야•기

나 그리고 가족

나

나는 채식주의자菜食主義者가 아닙니다
채식이 몸에 받기 때문입니다

날 때부터 그랬는지
아님 살면서 그렇게 변했는지
나도 잘 모릅니다

지금도 채식을 하고 삽니다
생각엔 변함이 없습니다
앞으로도 그럴 겁니다

나는 채식주의자가 아닙니다
채식을 좋아할 뿐입니다

사모곡(1)

어른의 출행出行으로
밥상 자리가 빈다

아랫목에 묻어둔
곱게 싼 보자기 속의 밥 한 그릇
우리들의 시선을 끌기에 충분했다

때가 바뀔 때까지
아랫목은 교대로 그 자리를 지켰다

삼대가 한 지붕 아래에 살던 시절이긴 했지만
아직도 나는
어머니의 그 지극 정성을 잘 모른다

사모곡(2)

듬성듬성 벽에 박은 쇠못
닥종이로 감고 또 감고
신주神主 모시 듯 걸어둔
흰 두루마기와 갈색 중절모中折帽
시렁에 올려놓은 반질거리는 구두
나들이가 있는 날엔 그 자리가 빈다

어머니는 나에게
"남자는 어간[1]이데이
얻어 묵는[2]데도 잘 입은 걸뱅이[3]가 낫다 안카더나[4]
그자"
늘상 알쏭달쏭한 이야기를 했다

---

1) 의관(衣冠)
2) 먹는
3) 거지
4) 안 하더냐

사모곡(3)

울 엄니는[1)] 국민학교(현 초등학교)에도 못 나온
촌부村婦였다
어디서 배웠는지 한글은 물론이고 구구단도 외고
약봉지에 쓰인 シロン(시롱)도 읽었지라

항시 나를 앞에 앉혀 두고
"남자는 머라케도[2)] 애모[3)]가 반듯해야 되고 말은
조리 있고 경우에 맞아야 하능기라[4)], 글이라 카믄[5)]
대필大筆 아이가[6)], 거어다[7)] 옳고 거른 것도 가릴
줄 알아야제[8)], 숭악[9)]한 사람 젓태[10)]는 아애[111)] 가
지도 마래이[12)]"

한참 세월이 지난 후 그 의미(신언서판身言書判)를
알았지만
어머니의 깊은 마음을 헤아리기에는 택[13)]도 없었다

신身자를 뺀 나머지 세 글자 중 가장 어려운 게
마지막 판判자였다

1) 우리 어머니 2) 뭐라 하여도 3) 외모 4) 한다
5) 하면 6) 아니냐 7) 그것에다 8) 알아야지 9) 사악(肆惡)
10) 곁에 11) 아예 12) 마라 13) 턱

손자들

여기가 어디냐
니들 할배 할매가 사는 곳

여기는
위층도 아래층도 없는
너희들의 놀이터

실컷 떠들고
맘껏 놀아라
커서 앞가림을 할 때 쯤이면
해라해도 못 한다

네•번•째•이•야•기

여유

과욕 過慾

차지 않는 그게 넉넉함인데
사람들은 기氣를 쓰고 채우려 한다

차면 넘친다던데

완월 玩月

구덕九德에서 뛰놀던 천마天馬
보수천寶水川 맑은 물에 목을 축이고
남항南港에 내려앉은 달과 노니라
밤새는 줄 모른다

오륜대의 달

보름달은 산들바람을 타고
호수에서 한가로이 물놀이를 한다
갈 길이 먼데도 만사태평萬事太平이다

만산백화 滿山白花

오랜만에 하늘이 만들어준 걸작傑作
가마(釜)산이 온통 눈꽃으로 뒤덮혔네

엉금엉금 거북(龜)이 판을 친다
그것도 토끼해의 정초正初에

허욕 虛慾

공짜로 주겠다고 떠드는 소리
그 말에 현혹되어 길게 줄을 선다

땅 팔아 자선사업慈善事業 한다더냐
언제 보았다고 거저 줄까

공짜라는 말 한마디
그 위력威力이 대단하다

세상엔 공짜가 없습니다요

내 것이 아닌데

금은보화金銀寶貨 그것 좋지
이고 지고 갈 수만 있다면야

저세상 갈 때
망자亡者 몸에 꽂힌 노자路資
염습殮襲꾼이 털어 가고
주머니도 떼어버린 옷 한 벌이 다다
갖고 가는 것이라곤 그것 말고 또 있더냐

재물財物에 집착하여 아등바등 살다보면
소유욕所有慾에 눈이 멀어
한 평생 수전노守錢奴로 살 수밖에

잠간 빌렸다가 돌려주고 가는 것
이생에 올 때 빈 손 아니던가

때로는 모자람도…

초판인쇄 | 2011년 7월 7일
초판발행 | 2011년 7월 15일

지 은 이 | 이수종
발 행 인 | 이성범
발 행 처 | 문운당
주　　소 | 서울시 종로구 혜화로5길 16 (명륜1가 45-3)
대표전화 | (02)762-6010
팩　　스 | 영업부 (02)745-0265 / 편집부 (02)762-8758
홈페이지 | http://munundang.co.kr
이 메 일 | munun2@chol.com

ISBN 978-89-7393-775-2 03810

값 8,000원